MW00457031

ميدان التّحْرير

كتبْها مُحمّد عثْمان

Tahrir Square

Egyptian Arabic Reader – Book 6

by Mohamad Osman

lingualism

© 2020 by Matthew Aldrich

The author's moral rights have been asserted. All rights reserved. No part of this document may be reproduced or transmitted in any form or by any means, electronic, mechanical, photocopying, recording, or otherwise, without prior written permission of the publisher.

ISBN: 978-1-949650-15-0

Written by Mohamad Osman

Edited by Matthew Aldrich

English translation by Mohamad Osman

Cover art by Duc-Minh Vu

Audio by Heba Salah Ali

website: www.lingualism.com

email: contact@lingualism.com

Introduction

The **Egyptian Arabic Readers** series aims to provide learners with much-needed exposure to authentic language. The fifteen books in the series are at a similar level (B1-B2) and can be read in any order. The stories are a fun and flexible tool for building vocabulary, improving language skills, and developing overall fluency.

The main text is presented on even-numbered pages with tashkeel (diacritics) to aid in reading, while parallel English translations on odd-numbered pages are there to help you better understand new words and idioms. A second version of the text is given at the back of the book, without the distraction of tashkeel and translations, for those who are up to the challenge.

Visit the **Egyptian Arabic Readers** hub at **www.lingualism.com/ear**, where you can find:

- **free accompanying audio** to download or stream (at variable playback rates)

- a **guide** to the Lingualism orthographic (spelling and tashkeel) system

- a **forum** where you can ask questions about the vocabulary, grammar, etc. used in the story and help other learners

- a **blog** with tips on using our Egyptian Arabic readers to learn effectively

مَيدان التّحْرير

التّاريخ: ١٧ يَناير ٢٠١١

الوَقْت: ٨:٤٧ الصُّبْح

اليوْم: الاتْنين

كُنْت نايْمة على الأرْض و عيْني على السّقْف. الصُّداع كان بيِزِنّ في وِدْني زيّ رنّةْ جرس البيْت. قلْبي كان عمّال يخبّط في صِدْري مِن جُوّه و ده كان نتيجةْ إنيّ عمّالة بفكّر في مِلْيون حاجة في نفْس الوَقْت. كان بقالي ساعْتيْن نايْمة على الأرْض و حَواليّا وَرق كتِير.

الوَرق ده كان عِبارة عن رسايِل تقْديم و تعارُف لِسّه متْبعتوش، و كان عنْدي إحْساس بيِقولّي إنّهُم مِش هَيتْبِعْتوا مِن أساسُه.

كُنْت بقالي أُسْبوعيْن متِسرّحة مِن شُغْلي ككاتِبة صحفية و كُنْت مِقضّياهُم كلّهُم في تدْوير على شُغْل. ليْل نهار عمّالة أبْعت في رسايِل إلِكْترونية لِعدد رهيب مِن المَواقِع و الصّفحات المُخْتلِفة على مَواقِع التّواصُل الإجْتِماعية و الشّرِكات الصّحفية المشْهورة في مصْر و حتّى في الوَطن العربي. و معَ ده مكانْش فيه حدّ بيِرُدّ عليّا و اللي كان بيِرُدّ كان بيِقول إنّه مِش محْتاجين حدّ في الوَقْت ده.

Tahrir Square

Date: January 17, 2011

Time: 8: 47 AM

Day: Monday

I was sleeping on the floor with my eyes on the ceiling. My ears were ringing from the headache, [almost] like the ringing of the doorbell. My heart was pounding at my chest from inside, and that was the result of thinking about a million things at the same time. I had been lying on the floor for the past two hours with papers around me.

These papers consisted of application letters and letters of introduction that had not been sent yet. I had a feeling that told me they wouldn't get sent anyway.

It had been two weeks since I was laid off by my job as a journalist, and I had spent them all searching for a job. Night and day, I kept sending emails to an awful amount of websites and different pages on social media and famous press companies in Egypt, and even throughout the Arab world. Even so, no one responded to me, and those who did would say that they didn't need anyone at that time.

"بِيْهزّروا واللّهِ!" كُنْت بقول لِنفْسي ساعِتْها. "مين مِش محْتاج كُتّاب في ٢٠١١؟"

بِالذّات على اللي كان بِيِحْصل في البِلاد العربية التّانْيَة! أكيد كان فيه حاجات كِتير أوي يِتْكِتِب عنْها.

بِغضّ النّظر عن وِجْهِةْ نظري، محدِّش كان مُهْتمّ ولا هَيِهْتمّ بِتذمُّراتي و شكاوِيّا. أهمّ حاجة ليهُم إنِّك بِتْكون بِتِعْرف تِكْتِب[1] و بسّ.

اللّابْتوْب كان جنْبي و مفْتوح عليْه تابْز كِتيرة أوي. بدأْت أحِسّ بِاليّأْس، و إنّي فِعْلاً مِش هلاقي شُغْل كصحفية.

و أكْتر حاجة كُنْت خايْفة مِنْها في الوَقْت ده إني أرْجع أعيش معَ بابا و ماما. مِش كُرْهاً فيهُم وَلا حاجة، بسّ منْظري هَيْكون عامِل إزّاي بعْد شهْريْن بسّ مِن ساعةْ ما كُنْت مُسْتقِلّة.

إحْساسي بِفخْر أبويا و أُمّي و أنا بعزِّل لِبيْتي الجِديد عُمْرُه هَيْكون قُصيرّ جِدّاً. هَيِبْقى كِده على وَلا حاجة.

و كُنْت خايْفة يِتْبدِّل بِخيْبِةْ أمل فيّا.

كان لازِم ألاقي شُغْل بِأيّ طريقة مُمْكِنة.

By God, they're joking! I would tell myself then. Who doesn't need a writer in 2011?

Especially with what was happening in other Arab countries! There definitely must have been a lot of things to write about.

Regardless of my point of view, no was interested in or was going to be interested in my grievances and complaints. The most important thing to them was just that you could write.

The laptop was next to me, and many tabs were opened on it. I began to feel desperate and that I really wouldn't find a job as a journalist.

And the thing that I was scared of most at that time was my moving back in with Dad and Mom. Not because I hated them or anything, but how would I look after just two months of becoming independent?

My feelings in response to Dad and Mom's pride in me as I was moving to a new home would be very shortlived–it would have been for nothing.

And I was afraid that it would get replaced with disappointment in me.

I had to find a job in any way possible.

---

[1] Notice the use of the masculine singular here, as it refers to an impersonal you.

فجْأة سِمعْت رنّةْ موبايْلي جنْبي. بصّيْت و لقيْت نَوال صاحْبِتي بِتِتّصِل عليّا. غريبة... في العادي نَوال كانِت دايمْاً بِتِصْحى مِتْأخّر في أيّام آخِر الأُسْبوع.

مدّيْت إيدي و ردّيْت عليْها.

"ألو؟ أيْوَه يا مرْيَم. اِوْعي أكون صحّيْتِك مِن النّوْم!"

كان عاجِبْني إنّ البُقّ[1] ده كان جايّ مِن نَوال اللي في الطّبيعي بِتْكون نايْمة زيّ الجرْدل[2]. "لأ لأ صاحْيَة أهو بقالي فتْرة... إنْتي أيْه اللي مِصحّيكي بدْري كِده؟ السّاعة داخْلة على تِسْعة و إحْنا في ويك إنْد."

"صدّقيني، أنا نفْسي مِش عارْفة ليْه... و الأغْرب مِن كِده إنّ أنا فايْقة. المُهِمّ، سيبِك مِنّي أنا دِلْوَقْتي عشان عنْدي ليكي خبر حِلْو.

حسّيْت بِإنّي فِقْت مرّة واحْدة، و كإنّي لِسّه شارْبة فِنْجان قهْوَة. "و النّبي لتْفرّحيني يا نَوال... الواحِد تعب مِن كُلّ التّدْوير على شُغْل ده."

"ده أنا هخلّيكي تْطيري مِن الفرْحة. بسّ يَلّا نِنْزِل نِفْطر سَوا الأوِّل. هعْزِمِك على شبْراوي[3] و أقولِّك كُلّ حاجة."

"شبْراوي؟ يا مِعفِنّة! ده اللي ربِّنا قدّرِك عليْه؟"

Suddenly I heard the ringing of my phone next to me. I looked and found Nawal, my friend, calling me. Strange... Normally, Nawal would wake up late on the weekend.

I reached with my hand and answered her [on the phone].

"Hello? Hey, Mariam! Don't tell me I've woken you up from sleep!"

I was liking [the fact that] this sentence was coming from Nawal, who would, in normal cases, be sleeping very soundly. "No, no, I've been up for some time... What's woken you up so early? It's almost nine, and it's the weekend."

"Believe me, I don't know why myself... and what's stranger is that I'm alert. Anyway, forget about me because I have good news for you."

I felt that I became fully alert at once as if I had just finished drinking a cup of coffee. "For the Prophet's [sake], make me happy, Nawal... I'm so tired of all this searching for a job."

"I'll make you fly with joy. But let's have breakfast together first. I'll treat you to El Shabrawy, on me, and I'll tell you everything."

"El Shabrawy? You cheapskate! Is this what our Lord has ordained for you?"

---

[1] بُق mouthful, here, synonymous with كلام

[2] جردل bucket, here, being used as a simile

[3] الشبراوي (also unofficially called شبراوي) is a popular and cheap restaurant chain in Egypt.

نَوال ضِحْكِت. "متِقْلقيش، الخبر هَيْعوَّضِك."

❖ ❖ ❖

بعْد ساعة و نُصّ مِن المُكالْمة، أنا و نَوال كُنّا قاعْدين بِنِفْطر على الكورْنيش. كان تفْكيري كُلُّه في الخبر و يا ترى كان لِيّا علاقة بِإنيّ ألاقي شُغْلانة وَلّا لأ.

"إسْمعي بقى الخبر الحِلْو ده. لِقيتِْلك شُغْلانة عسل."

"كُنْت حاسّة واللّهِ!" ردّيْت و البهْجة في صوْتي.

"اِسْتنّي بسّ... ده مِش مِن اللي إنْتي مِتْعوِّدة عليْهُم. ده عمل حُرّ."

"عمل حُرّ؟ يَعْني أيْه؟"

"يَعْني مِش هتْكوني شغّالة لِشِرْكة أَوْ صحافة مُعيّنة. هتْكوني شغّالة معاهُم على قدّ الشُّغْل. مُمْكِن حتّى تِعْملي كذا شُغْلانة في نفْس الوَقْت."

"يا بِنْت الأيْه يا نوال!" مكُنْتِش مِصدّقة نفْسي، و كانِت أوِّل مرّة أسْمع عن حاجة إسْمها عمل حُرّ.

Nawal laughed. "Don't worry. The news will make up for it."

An hour and a half after the call, Nawal and I were having breakfast along the Corniche. My thinking was all about the news [she would tell me], and I was wondering if it had something to do with my finding a job or not.

"Listen now to this great news... I found you an amazing job!"

"I had a feeling, I swear to God!" I replied with cheerfulness in my voice.

"But wait—this isn't like the ones you're used to. This is freelance work."

"Freelance work? What's that mean?"

"It means you won't be employed at a particular company or press. You'll be working for them for as long as they have work [for you]. You can even have more than one job at the same time."

"Nawal, you daughter of a...!" I couldn't believe myself, and this was my first time hearing about something called 'freelance work.'

"أقدّم إزّاي؟"

"هدّيلِك الإيميْل بِتاعْهُم. ابْعتيلْهُم رِسالة قصيرة. و بيْنّي إنّك جامْدة بقى بِمعْرِفْتِك عن اللي حصل في تونِس و كِده لإِنُّهُم مِركّزين على السّياسة. إنْتي فاهْمة أكيد."

"إنْتي بِنْت جدعة أوي يا نَوال." مكُنْتِش عارْفة أمْسِك وِشّي مِن الابْتِسام.

نَوال غمزِتْلي. "أعْجِبِك برْضُه. إنّ شاء الله تِتْقِبْلي يا قلْبي و تِخْلصي مِن اللّيْلة دي."

"يا ربّ."

❖ ❖ ❖

التّاريخ: ٢٣ يّناير ٢٠١١

الوَقْت: ٢:١٦ الضُّهْر

اليوْم: الحدّ

كانِت بِدايةْ أُسْبوع عادية جِدّاً، و كُنْت قاعْدة في البيْت. كان عدّى يوْمين مِن ساعةْ ما بعتّ رِسالةْ التّقْديم لِلشُّغْل اللي نَوال قالِتْلي عليْه.

"How do I apply?"

"I'll give you their email. Send them a short email. Show that you're an expert by using your knowledge about what happened in Tunisia and stuff [like that] because they're focusing on politics. You understand, of course."

"You're such a good girl, Nawal." I couldn't hold my face from smiling.

Nawal winked at me. "I do good things, after all. God willing, you'll be accepted, my love, and be done with this endeavor."

"[Please], O Lord."

❖   ❖   ❖

Date: January 23, 2011

Time: 2: 16 PM

Day: Sunday

It was a very normal start to the week, and I was sitting at home. Two days had passed since I sent the letter of application for the job Nawal had had told me about.

كُنْت ملْيانة بِالسّعادة. كان لِسّه واصِلّي رِسالة القُبول مِنْهُم و فِضِلْت حاسّة بِالرّاحة و السّعادة لِحدّ أمّا وَصلّي خبر إنّ هَيْكون فيه مُظاهْرات يوْم التّلات في ميدان التّحْرير. الخبر كان مُقْلِق بِالنِّسْبالي لإِنّي كُنْت ساكْنة في وِسْط البلد و المسافة بينّا مكانِتْش بِعيدة.

"شكْلِنا كِده هنِعْمِل زيّ تونِس..." كُنْت عمّالة بقول لِنفْسي. ده غيْر إنّ نَوال كان شكْلها مُتحمِّسة بِالمَوْضوع و ده مكانْش عاجِبْني.

على قدّ ما كُنْت مبْسوطة بِالشُّغْل الجِديد على قدّ ما كان القلق شاغِلْني. مكُنْتِش عارْفة أيْه السّبب بسّ مكُنْتِش مِطمِّنة لِلمَوْضوع.

كُنْت قاعْدة على اللّابْتوْب و بشْرب نسْكافيْه بِتاع الضُّهْر. موبايْلي رنّ و بصّيْت فيه و كانِت نَوال بِتِتِّصِل. مكُنْتِش لِسّه قُلْتِلْها على خبر القُبول.

ردّيْت: "أيْوَه يا نَوال."

"أيْه يا مرْيومي. مفيش جِديد؟"

"فيه."

"أيْه! قوليلي!"

"اِتْقبلْت يا نَوال، و إدّوني أوِّل شُغْل لِيّا."

I was filled with happiness. I'd just received a message of acceptance from there, and I remained feeling at peace and happy until the news of protests on Thursday in Tahrir Square reached me. The news was worrying to me because I lived downtown and the distance between us wasn't far.

Looks like we're going to do what Tunisia did... I would keep telling myself. That's other than the fact that Nawal seemed excited about the matter, which did not sit well with me.

As much as I was pleased with the new job, I was also busy with worrying. I didn't know the reason, but I couldn't relax regarding this matter.

I was sitting on my laptop and drinking my Nescafé for midday. My phone rang. I looked at it, and Nawal was calling. I hadn't yet told her about the news of being accepted.

I answered, "Hey, Nawal."

"What's up, Marioomi? [Is there] nothing new?"

"There is."

"Oh! Tell me!"

"I got accepted, Nawal, and they've given me my first assignment."

"يا بِنْت الأيْه يا مرْيَم ! ألْف مبْروك يا حبيبْتي! مِش تكلِّميني تِقوليلي؟!"

"اللّه يبارِك فيكي يا حبيبْتي... أصْل أنا قلْقانة يا نَوال."

"قلْقانة مِن أيْه؟"

"عليْكي. إنْتي ليْه عايْزة تِروحي المْظاهْرات بعْد بُكْرة؟ ده لَوْ هتِحْصل يَعْني."

"يا بِنْتي كُلُّه عشانّا واللّهِ و عشان بلدْنا. الظُّلْم بقى في كُلّ حِتّة و لازِم نِسمّع صوْتْنا كشعْب عايِز العدل و حُرّية."

"أيْه يا نَوال كُلّ الكلام ده! مِن إمْتى و إنْتي بِتِهْتمّي بِالسِّياسة؟"

"اِتْكلِّمْت معَ أحْمد و هُوَّ أقْنعْني ننْزِل سَوا. كمان مِش هسيبُه ينْزِل لِوَحْدُه أكيد."

أحْمد ده كان خطيبْها. "و بعْديْن طب يا نَوال؟ إفْرِض حصلْكُم حاجة بعْد الشّر؟"

"متِقْلقيش... دي هتْكون مُظاهْرات مِسالْمة و إنّ شاء اللّه كُلُّه هَيِبْقى تمام. هتْشوفي عشان بعْد كِده إنّ شاء اللّه تِنْزِلي معانا."

"يا ربّ عدّيها على خيْر."

"Mariam, you daughter of...! Congratulations, my dear! Couldn't you have called me to tell me [the good news]?!"

"God bless you, my love... I'm just worried, Nawal."

"Worried about what?"

"About you. Why do you want to go to the protests after tomorrow? If they do happen, that is."

"Girl, it's all for us, by God, and for our country. Injustice has appeared everywhere, and we must have our voices heard as a people that want justice and freedom."

"What, Nawal, is all this talk! Since when did you start caring about politics?"

"I talked with Ahmed, and he convinced me that we would both go. And I wouldn't let him go on his own, of course."

This Ahmed was her fiancé. "And then what, Nawal? What if something happens to you, God forbid?"

"Don't worry... These will be peaceful protests and, God willing, everything will be okay. You'll see because afterward, God willing, you'll come with us."

"O Lord, may it pass with no misfortune."

❖ ❖ ❖

التّاريخ: ٢٥ يَناير ٢٠١١

الوَقْت: ١٢:٠٠ ظهْراً

اليوْم: التّلات

كُنْت قاعْدة قُدّام التّليفِزْيوْن و مكُنْتِش مِصدّقة عيْني. ميدان التّحْرير كان ملْيان على آخْرُه مِن المُتظاهْرين. كان عدد كِبير جِدّاً مِن النّاس، و اللي كان مِخلّيني مِش مِصدّقة أكْتر إنّ ده كان جنْبي بِشارْعين.

و نَوال كانِت هِناك.

قلْبي كان عمّال يِدِقّ و كُنْت هموت مِن القلق. حتّى صوْت المُتظاهْرين كُنْت سامْعاه مِن عنْدي و كان كُلّ اللي بِيْقولوه: "الشّعْب يُريد[1] إسْقاط النِّظام."

كُنْت سمْعاهُم مِن التّلفِزْيوْن و مِن الشِّبّاك. و إحساسي كان بِيْقولي إنّ عددْهُم كان أكْتر بِكْتير عن ما كان المنْظر مِبيِّن.

كان لازِم أروح لِماما و بابا أتْطمِنّ عليْهُم في بيْتْهُم. مكانوش بُعاد أوي و يِمْكِن يِبْقى في فُرْصة أشوف المُظاهْرات على الحقيقة.

Date: January 25, 2011

Time: 12: 00 noon

Day: Tuesday

I was sitting in front of the television and I couldn't believe my eyes. Tahir Square was brimming with protestors. The number of people was huge, and what made me disbelieve [my eyes] even more was that this was happening two streets away.

And Nawal was there.

My heart was beating, and I was dying from the anxiety. Even the sound of the protestors I could hear from where I was [sitting] and all they would say: "The people want to bring down the regime."

I heard them from the television and from the window. And I had a feeling that told that their numbers were far greater than what was shown [on the television].

I had to go to Mom and Dad to check in on them at their home. They weren't too far, and perhaps I'd have a chance to see the demonstrations live.

---

[1] يُريد wants is Modern Standard Arabic.

و أنا بجْهز عشان أنْزل، اتّصلْت بنّوال أتْطمّن عليْها. "أيْوَه يا نَوال!"

صوْتْها كان يادوْبك واضِح وِسْط الزّحْمة. "أيْوَه يا مرْيَم!"

"طمّنيني يا بِنْتي! إنْتي تمام؟"

"مفيش حاجة يا مرْيَم والله! و النّبي بلاش قلق على الفاضي! الدُّنْيا تمام و الجوّ حِلْو جدّاً! ما تيجي بقى!"

"لأ بلاش! يوْم تاني إنّ شاء الله عشان عايْزة أروح أتْطمّن على ماما و بابا!"

"سلّميلي عليْهُم!"

"يِوْصل! خلّي بالِك على نفْسِك!"

❖ ❖ ❖

"يَعْني أيْه التّظاهُر يا بابا؟ إنْتَ مِش شايِف المَوْضوع خطر؟"

"فيْن الخطر ده يا حبيبْتي؟ ما النّاس ماليّة الميدان أهو و الدُّنْيا زيّ الفُلّ! كُنّا بِنْفكّر حتّى أنا و ماما نِنْزِل بسّ..."

"تِنْزِلوا؟ لأ يا بابا و النّبي لا! أنا قلْقانة على نَوال صاحْبِتي و مِش ناقْصة قلق زِيادة و النّبي!"

And while I was getting ready to go, I called Nawal to check on her. "Hey, Nawal!"

Her voice was barely audible amongst the crowd. "Hey, Mariam!"

"Tell me, girl! Are you okay?"

"There's nothing [wrong], Mariam, I swear to God! For the Prophet, stop worrying over nothing! It's all good, and the weather is very nice! Aren't you coming?!"

"I'd rather not! Another day, God willing, because I want to go and make sure Mom and Dad are doing okay!"

"Say hello to them for me!"

"I will! Take care of yourself!"

"What do you mean, participate in the demonstrations, Dad? Don't you see the danger of the situation?"

"Where is this danger, my love? The people have filled the square, and everything is well and good! We were even thinking about going, Mom and I, but..."

"Going? No, Dad, for the Prophet, no! I'm worried enough about my friend Nawal as it is, for the Prophet!"

"مرْيَم حبيبْتي..."

دوّرْت و بصّيْت لقيْت أُمّي داخْلة عليّا. سلِّمْت عليْها و بُسّتها. "إزّيِّك يا ماما؟"

"إزّيِّك يا نور عيْن أمِّك؟ مِش تِسْألي علينْا؟"

"و الله يا ماما كُنْت مسْحولة في التّدْوير على شُغْل و الدُّنْيا كانِت صاعْبة جِدّاً. الواحِد مكانْش قادِر يِكلِّم حدّ وَلا يِشوف حدّ، سامْحيني."

"وَلا يِهِمّك يا بِنْتي، المُهِمّ إنِّك لقيْتي الشُّغْلانة. أيْه بقى حِوار النِّقاش بيْنْكو؟"

"مفيش يا ماما. بابا كان بِيِقْترِح إنّ هُوَّ و إنْتي تنزِلوا المُظاهْرات..."

"مِش اتِّفقْنا يا سعيد بلاش عشان متتِعْبِش و إنْتَ قلْبك تعْبان؟"

"يا سِتّي هُوَّ أنا نازِل أحارِب! كُلّ اللي هعْمِلْه هقف معَ النّاس و أتْظاهِر معاهُم. فيْن المُعْضِلة يَعْني؟"

"عشان خاطْري بلاش إنْتَ! مرْيَم؟"

"أيْوَه يا ماما؟"

"Mariam, my love…"

I turned and looked to find my mom approaching me. I greeted her and kissed her. "How are you, Mom?"

"How are you, the light of your mother's eyes? Wouldn't you check in on us?"

"By God, Mom, I was busy looking for a job, and it was so hard. One wasn't able to call anyone or see anyone. Forgive me."

"Don't worry about it, my daughter. What matters is that you've found the [right] job. Now, what's the point of the discussion of you two?"

"It's nothing, Mom. Dad was suggesting that he and you participate in the demonstrations…"

"Haven't we agreed, Saeed, not to [do so] so that you wouldn't get tired with your heart [this] weak?"

"Am I going to war, woman?! All that I'm going to do is stand alongside people and demonstrate with them. Where's the harm?"

"Please, not you! Mariam?"

"Yes, Mom?"

"ما تِنْزِلي إنْتي بدلْنا؟ الدُّنْيا مِش خطر و إنّ شاء اللّه مِش هَيِحْصل حاجة. كمان متْسيبيش نَوال لِوَحْدها هِيّ و خطيبْها. اِنْزِلي و اِقفي معَ صاحْبِتِك. البلد دي فِعْلاً مِحْتاجة تِتْغيرّ. إنْتي نِسيتي خالِد سعيد[1]؟"

"لأ فاكْراه طبْعاً."

"النّاس دي كُلّها نازْلة عشان خاطْرُه و عشان خاطِر حقُّه اللي مخدوش[2]. ليْه متِبْقيش زيُّهُم و أحْسن مِنْهُم كمان؟ دي بلدِك يا بِنْتي. يَعْني وَطن. لازِم يِعُمّ فيها العدل و مِش الظُّلْم. الحُرّية و مِش القهْر. و إنْتي دوْرِك كمُواطْنة فِعْلاً بِتْحِبّ بلدْها إنّك تِطالْبي بِده و تِسْتخْدِمي صوْتِك كمان."

كُنْت بدأْت أحِسّ بِالذّنْب و بِنوْع مِن الحماس في نفْس الوَقْت. موْت خالِد سعيد كانِت حاجة أثّرِت فِيّا جامِد و فتحِت عيْنيّا فِعْلاً لِلتّغْيير اللي لازِم يِحْصل في البلد دي. لمّا شُفْت صورْتُه بعْد و قبْل ما مات قلْبي كان اِتْقطع عليْه.

بسّ لِلأسف اِتْشغلْت بِنفْسي و حَياتي و نِسيت العزيمة اللي كانِت جُوّايا نتيجة موْت خالِد سعيد... و الكلام بِتاع ماما شعْلِل النّار دي فِيّا تاني.

في اللّحْظة دي أخدْت القرار إنيّ لازِم أشارِك في المُظاهْرات كمُواطْنة مصْرية و كصديقة لِنَوال و سنْد في ضهرْها.

"How about you go instead of us? It's not dangerous and, God willing, nothing will happen. Don't leave Nawal and her fiance on their own. Go and stand with your friend. This country really needs to change. Have you forgotten Khaled Saeed?"

"No, I remember him, of course."

"All these people have gone for him and for his rights which he hadn't been given. Why not be like them and even better? This is your country, my daughter, your homeland. Justice must prevail in it, and not injustice... freedom and not oppression. And your role as a citizen who really loves her country is that you demand these [things] and to use your voice as well."

I was starting to feel guilt and a certain kind of enthusiasm at the same time. The death of Khaled Saeed was something that had deeply affected me and really opened my eyes to the change that needed to happen in this country. When I saw his picture before and after his death, I was extremely heavyhearted over him.

Unfortunately, however, I got preoccupied with myself and my life. I forgot the determination inside me as a result of Khaled Saeed's death... and the words about Mama rekindled that fire in me again.

At that moment, I made the decision that I must participate in the demonstrations as an Egyptian citizen and as a friend of Nawal and supporter.

---

[1] خالد سعيد, whose death in police custody in Alexandria in the summer of 2010 helped incite the Egyptian Revolution of 2011.

[2] خد حقّه to get one's due; not have one's rights taken away

❖ ❖ ❖

نِزِلْت مِن بيْت أبويا و أُمّي و طِلِعْت على الشّارِع. النّاحْيَة اللي جيْت مِنْها كانِت معْدومة و كان فيه عربِيّتيْن بسّ تقْريباً.

النّاحْيَة التّانْيَة كُنْت شايْفة جُزْء مِن ميدان التّحْرير و عدد مهول مِن البني آدْمين. كان لوْن الأحْمر و الإسْوِد و الأبْيَض في كُلّ حِتّة.

و أنا رايْحة على رِجْلي حسّيْت إنّي كُنْت داخْلة على جيْش واقِف في ساحِةْ المعْركة. جيْش مصْري عظيم كان بِيْدوّر على قائِد جِديد... قائِد عادِل... قائِد يِسْمع صوْت أتْباعُه.

"و إنّ شاء اللّه هنْلاقيه." كُنْت بقول لِنفْسي كِده دايْماً.

لمّا دخلْت الميدان فوجِئْت بِإن عدد النّاس كان فِعْلاً أكْتر مِن ما كُنْت مُتخيْلة. كانِت المباني في الميدان مِتْغطّية بِالأعْلام و حتّى المتْحف المصري مكانْش بايِن فيه تحْت كمّيةْ الشّعارات المِغطّياه. كُلّ ما أبُصّ ألاقي ناس في كُلّ حِتّة. و كان الصّوْت عالي جِدّاً لِدرجِةْ إنّ عشان أكلِّم حدّ لازِم أزعّق في وِدْنُه.

طلّعْت موبايْلي عشان أتّصِل بِنَوال و قلْبي وِقِع لمّا لقيْتْها هِيَّ أصْلاً بِتِتّصِل. رديْت بِسُرْعة.

❖ ❖ ❖

I left my dad and mom's house and walked out into the street. The way I came from was empty, and it looked like there were only two cars.

The other way let me see part of Tahrir Square and an astronomical amount of people. The colors red, black, and white were everywhere.

As I was walking, I felt that I was going into an army standing on the battlefield. A great Egyptian army looking for a new leader... a just leader... a leader who would listen to his followers.

And God willing, we will find him. I would always tell that to myself.

When I entered the square, I was surprised that the number of people was really more than I had imagined. The buildings in the square were covered with flags, and even the Egyptian Museum was not distinct underneath the [huge] amount of the banners covering it. Everywhere I looked, I would find people, and the noise was so loud that to speak to someone, I would have to shout in their ear.

I got out my cell phone to call Nawal, and my heart dropped when I found her already calling me. I answered quickly.

"إنْتي فينْ؟!"

"أيْه يا مرْيومْتي! إنْتي اللي فينْ؟ مِش تيجي بقى!"

لمّا اتْطمّنْت إنّها تمام عرِفْت مكانْها و رُحْتِلْها. كانِت المسافة اللي بتِتّاخِد في دقيقْتيْن بتِتّاخد دِلْوَقْتي في نُصّ ساعة مِن التّكدُّس.

وَصلْتِلْها و سلّمْت عليْها.

"حمْدِ الله على السّلامة يا أمّي[1]! كُنْت هموّتِك لَوْ مكُنْتيش جيْتي النّهارْده!"

"معلِش بقى يا نَوال. إنْتي عارْفة المَوْضوع بيِكون عامِل إزّاي معانا. اتْكلّمْت معَ ماما و أقْنعتِني أنْزِل... عشان خاطْرِك و عشان خاطِر بلدْنا. و عشان خاطِر النّاس اللي زيّ خالِد سعيد."

"أُمّك دي سِتّ جامْدة واللهِ. كان نفْسي تيجي معاكي."

"مرْضِتْش عشان بابا بيِتْعب بِسُرْعة. أنا عارْفة لوْلا إنّ بابا كان تعْبان كان زمانْها واقْفة دِلْوَقْتي قُدّامْنا و بتِهْتِف معَ النّاس. أكْتر شخْص وَطني شُفْتُه في حَياتي. أُمّال فينْ باباكي و مامْتِك؟"

"مرِضْيوش ينْزِلوا."

"ليْه؟"

"Where are you?!"

"What, my Marioom? Where are you? Won't you come?"

When I was assured that she was fine, I learned [from her] her location and went to her. A distance that would take two minutes to cross now took half-an-hour due to the crowdedness.

I reached her and greeted her.

"Thank God for your safety, girl! I'd have killed you if you hadn't come today!"

"Sorry about that, Nawal. You know how it is with us... I spoke to Mom, and she convinced me to come... for you and for our country. And for the people who are like Khaled Saeed."

"Your mother is an amazing woman, I swear to God. I wish she had come with you."

"She didn't want to because Dad gets tired fast. I know that, if not for Dad's illness, she would have been standing before us and cheering with these people. She's the most patriotic person I've ever seen. Where are your dad and mom, by the way?"

"They refused to come."

"Why?"

---

[1] يا أُمّي lit. o my mother is normally a respectful form of address to an older woman, but here it is being used sarcastically with a friend.

"نفس أسْبابِك بِالضّبط. و كإنُّهُم خلّفونا و بدّلونا و إحْنا صُغيّرين!"

"فِعْلاً المَوْضوع مُضْحِك لَوْ فكّرْتي فيه. طب مِش يِتْطمّنوا عليْكي؟"

وِشّ نَوال اِتْغيرّ فجْأة. "قالولي لَوْ نِزِلْتي المُظاهْرات مِش هنْكلِّمك تاني."

فِضِلْت باصّة لِنَوال و أنا مِش مِصدّقة وِداني. "و ده خوْفاً عليْكي وَلّا أيْه بِالظّبْط؟"

"هُوَّ نُصّ خَوْفاً عليّا و نُصّ عشان هُمّا ضِدّ المُظاهْرات."

حسّيْت بِنوْع مِن الاِشْمِئْزاز. إزّاي مكلِّمْش بِنْتي عشان سِياسة؟ إزّاي فيه ناس بِتْفكّر كِده؟

"طب أنا شايْفة اِمْشي و روحي صالْحيهُم أحْسن."

"Too late. قالولي لَوْ نِزِلْتي مِن باب البيْت إحْنا منِعْرفْكيش."

"لا حَوْلَ وَ لا قُوّةَ إلّا بِالله..."[1]

"بِيْقولوا الجُمْعة الجايّة هَيْكون فيه مُظاهْرات أكْتر مِن كِده. لازِم نِنْزِل."

"أظُنّ هَيْكون عنْدي شُغْل ساعِتْها بسّ هحاوِل أخلّص بدْري. أَوْعِدِك هنِنْزِل سَوا."

"For exactly the same reasons. As if they gave birth to us and exchanged us when we were young!"

"Really, it's [weirdly] funny if you think about it. Well, have they checked in on you?"

Nawal's face changed suddenly. "They told me, 'If you go to the demonstrations, we won't speak to you again.'"

I kept staring at Nawal while I couldn't believe my ears. "And this is out of fear over your [wellbeing] or what, exactly?"

"It is partly out of fear and partly because they're against the demonstrations."

I felt a kind of disgust. How would I not talk to my daughter because of politics? How were there people who would think like that?

"Well, I suggest you leave and go make things right with them."

"Too late. They told me, 'If you go out that door, we don't know you.'"

"There is no power but from God..."

"It is said that there will be more demonstrations next Friday. We have to go."

"I think I'll be working at the time, but I'll try and finish early. I promise we'll go together."

---

[1] This expression is the Classical Arabic invocation (known as the hawqala), uttered by Muslims when a situation is beyond one's control.

نَوال ردِّت بابْتِسامة بسيطة بسّ، و للِحْظة الوَقْت بطِئ و صوْت المُتظاهْرين رِجِع في الخلْفية. حسّيْت إنّي بقيْت في صورة بطيئة اللي هِيَّ عِبارة عن نَوال بيِتْبِسِم و النّاس حَوالِيْنا بِتْقول:

الشّعْب يُريد إسْقاط النِّظام!

الشّعْب يُريد إسْقاط النِّظام!

الشّعْب يُريد إسْقاط النِّظام!

❖ ❖ ❖

التّاريخ: ؟؟؟[1]

الوَقْت: ؟؟؟

اليوْم: بعْد حادْثِة جُمْعِة الغضب

خبر وَفاةْ نَوال وَصلّي و أنا قاعْدة قُدّام التِّلفيزْيوْن و مكْتوب في نشْرِة الأخْبار إنّ فيه خمْسين شخْص ماتوا. مِن وِسْط حَوالي اِتْنيْن مِلْيوْن بني آدم، نَوال و تِسْعة و أرْبعين واحِد تانْيين اِسْتشْهدوا في ميدان التّحْرير. اِتْضربِت بِطلْقة في عيْنْها مِن الشُّرْطة اللي كانِت بِتْحاوِل تِفضّي المُظاهْرات.

Nawal responded with only a small smile, and for a moment, time slowed down, and the sound of the demonstrators retreated to the background. I felt that I was in a slow-motion photo that comprised Nawal smiling and people around us saying:

The people want to overthrow the regime...

The people want to overthrow the regime...

The people want to overthrow the regime...

❖   ❖   ❖

Date: ???

Time: ???

Day: After the Friday of Anger Incident

The news of Nawal's death reached me when I was sitting in front of the television, and it was written in a news broadcast that 50 people had died. Out of 2 million people, Nawal and 49 other people were martyred in Tahrir Square. She got shot with a bullet in her eye by the police trying to bring an end to the protests.

---

[1] She didn't write the date or time because she was too distraught when making this day's diary entry. The "Friday of Anger," incidentally, was January 28, 2011.

الخبر وَصلّي مِن مامتْها و هِيَّ بِتْصوّت في التِّليفوْن. خِسْرِت بِنْتها و هِيَّ مِخاصْماها. و ده التّمن اللي دفعِتْه عشان تِقدِّم السِّياسة على بِنْتها.

قعدْت فتْرة مِش مِسْتَوْعِبة، مع إنّي أكاد أجْزِم إنّي عِرِفْت إنّ نَوال كانِت مِن ضِمْن الخمْسين اللي ماتوا يوْميها مِن قبْل ما أُمّها تِكلِّمْني. معنْديش أيّ فِكْرة ليْه مكلِّمْتهاش أتْطمِّن عليْها.

مسمحْتِش لِنفْسي بِالعِياط غيْر أمّا وَصلْت بعْد أمّا عزِّلْت لِبيْت أبويا و أُمّي. و انْفجرِت السُّيول و أنا في حضْن أُمّي. لمّا شُفْتها اِسْتَوْعبِت إنّي مِش هشوف نَوال تاني.

و ال٥٠ دوْل كان لِسّه بِدايِةْ الدّبْح اللي شُفْناه في المُظاهْرات اللي بقى إسْمها ثَوْرِةْ ٢٥ يَنايِر. و بعْدها بِحَوالي شهْر اِسْتقال الرّئيس بِالحُكومة و ده عرّفْني إنّ اِسْتِشْهاد نَوال و كُلّ النّاس اللي ماتِت في سبيل الوَطن مكانْش على وَلا حاجة.

و إنّ وُجود ظلام معْناه إنّ فتْرة و هَيْكون فيه نور، و إنّ العُسْر بِيِتْبعُه يُسْر، و إنّ ربِّنا عادِل و إنّ شاء الله هَياخد حقّ الشُّهداء دوْل.

الله أكْبر عليْكي يا مصْر يا أُمّ الدُّنْيا.

The news came to me through her mom as she was screaming on the phone. She lost her daughter when they were not on good terms. And that's the price she paid for prioritizing politics over her daughter.

I sat for a while, unable to fathom what had happened, even though I was sure I knew Nawal was among the 50 deaths on that day before her mother ever called me. I have no idea why I didn't call to check in on her.

I didn't let myself cry until I was home after I moved in with Dad and Mom. The floodgates were open when I was in the middle of hugging my mother. When I saw her, I immediately understood that I wouldn't see Nawal again.

And these 50 [deaths] were just the beginning of the slaughter we saw in the demonstrations, which were then named "January 25." And after approximately one month, the president, along with the government, resigned. And this told me that Nawal's martyrdom and that of all the people that had died for the sake of their country hadn't been for nothing.

And that the presence of darkness means that a period [of time will pass] and there will be light, and that hardship will [ever] be followed by ease and that our Lord is just and God willing, He will avenge the blood of these martyrs.

God is Great over you, O Egypt, O Mother of the World.

Arabic Text without Tashkeel

التاريخ: ١٧ يناير ٢٠١١

الوقت: ٨:٤٧ الصبح

اليوم: الاتنين

كنت نايمة على الأرض و عيني على السقف. الصداع كان بيزن في ودني زي رنة جرس البيت. قلبي كان عمال يخبط في صدري من جوه و ده كان نتيجة إني عمالة بفكر في مليون حاجة في نفس الوقت. كان بقالي ساعتين نايمة على الأرض و حواليا ورق كتير.

الورق ده كان عبارة عن رسايل تقديم و تعارف لسه متبعتوش، و كان عندي إحساس بيقولي إنهم مش هيتبعتوا من أساسه.

كنت بقالي أسبوعين متسرحة من شغلي ككاتبة صحفية و كنت مقضياهم كلهم في تدوير على شغل. ليل نهار عمالة أبعت في رسايل إلكترونية لعدد رهيب من المواقع و الصفحات المختلفة على مواقع التواصل الإجتماعية و الشركات الصحفية المشهورة في مصر و حتى في الوطن العربي. و مع ده مكانش فيه حد بيرد عليا و اللي كان بيرد كان بيقول إنه مش محتاجين حد في الوقت ده.

"بيهزروا والله!" كنت بقول لنفسي ساعتها. "مين مش محتاج كتاب في ٢٠١١؟"

بالذات على اللي كان بيحصل في البلاد العربية التانية! أكيد كان فيه حاجات كتير أوي يتكتب عنها.

بغض النظر عن وجهة نظري، محدش كان مهتم ولا هيهتم بتذمراتي و شكاويا. أهم حاجة ليهم إنك بتكون بتعرف تكتب و بس.

اللابتوب كان جنبي و مفتوح عليه تابز كتيرة أوي. بدأت أحس باليأس، و إني فعلا مش هلاقي شغل كصحفية.

و أكتر حاجة كنت خايفة منها في الوقت ده إني أرجع أعيش مع بابا و ماما. مش كرها فيهم ولا حاجة، بس منظري هيكون عامل إزاي بعد شهرين بس من ساعة ما كنت مستقلة.

إحساسي بفخر أبويا و أمي و أنا بعزل لبيتي الجديد عمره هيكون قصير جدا. هيبقى كده على ولا حاجة.

و كنت خايفة يتبدل بخيبة أمل فيا.

كان لازم ألاقي شغل بأي طريقة ممكنة.

فجأة سمعت رنة موبايلي جنبي. بصيت و لقيت نوال صاحبتي بتتصل عليا. غريبة... في العادي نوال كانت دايما بتصحى متأخر في أيام آخر الأسبوع.

مديت إيدي و رديت عليها.

"ألو؟ أيوه يا مريم. اوعي أكون صحيتك من النوم!"

كان عاجبني إن البق ده كان جاي من نوال اللي في الطبيعي بتكون نايمة زي الجردل. "لأ لأ صاحية أهو بقالي فترة... إنتي أيه اللي مصحيكي بدري كده؟ الساعة داخلة على تسعة و إحنا في ويك إند."

"صدقيني، أنا نفسي مش عارفة ليه... و الأغرب من كده إن أنا فايقة. المهم، سيبك مني أنا دلوقتي عشان عندي ليكي خبر حلو.

حسيت بإني فقت مرة واحدة، و كإني لسه شاربة فنجان قهوة. "و النبي لتفرحيني يا نوال... الواحد تعب من كل التدوير على شغل ده."

"ده أنا هخليكي تطيري من الفرحة. بس يلا ننزل نفطر سوا الأول. هعزمك على شبراوي و أقولك كل حاجة."

"شبراوي؟ يا معفنة! ده اللي ربنا قدرك عليه؟"

نوال ضحكت. "متقلقيش، الخبر هيعوضك."

❖ ❖ ❖

بعد ساعة و نص من المكالمة، أنا و نوال كنا قاعدين بنفطر على الكورنيش. كان تفكيري كله في الخبر و يا ترى كان ليا علاقة بإني ألاقي شغلانة ولا لأ.

"إسمعي بقى الخبر الحلو ده. لقيتلك شغلانة عسل."

"كنت حاسة والله!" رديت و البهجة في صوتي.

"استني بس... ده مش من اللي إنتي متعودة عليهم. ده عمل حر."

"عمل حر؟ يعني أيه؟"

"يعني مش هتكوني شغالة لشركة أو صحافة معينة. هتكوني شغالة معاهم على قد الشغل. ممكن حتى تعملي كذا شغلانة في نفس الوقت."

"يا بنت الأيه يا نوال!" مكنتش مصدقة نفسي، و كانت أول مرة أسمع عن حاجة إسمها (عمل حر).

"أقدم إزاي؟"

"هديلك الإيميل بتاعهم. ابعتيلهم رسالة قصيرة. و بيني إنك جامدة بقى بمعرفتك عن اللي حصل في تونس و كده لإنهم مركزين على السياسة. إنتي فاهمة أكيد."

"إنتي بنت جدعة أوي يا نوال." مكنتش عارفة أمسك وشي من الابتسام.

نوال غمزتلي. "أعجبك برضه. إن شاء الله تتقبلي يا قلبي و تخلصي من الليلة دي."

"يا رب."

❖ ❖ ❖

التاريخ: ٢٣ يناير ٢٠١١

الوقت: ٢:١٦ الضهر

اليوم: الحد

كانت بداية أسبوع عادية جدا، و كنت قاعدة في البيت. كان عدى يومين من ساعة ما بعت رسالة التقديم للشغل اللي نوال قالتلي عليه.

كنت مليانة بالسعادة. كان لسه واصلي رسالة القبول منهم و فضلت حاسة بالراحة و السعادة لحد أما وصلي خبر إن هيكون فيه مظاهرات يوم التلات في ميدان التحرير. الخبر كان مقلق بالنسبالي لإني كنت ساكنة في وسط البلد و المسافة بينا مكانتش بعيدة.

"شكلنا كده هنعمل زي تونس..." كنت عمالة بقول لنفسي. ده غير إن نوال كان شكلها متحمسة بالموضوع و ده مكانش عاجبني.

على قد ما كنت مبسوطة بالشغل الجديد على قد ما كان القلق شاغلني. مكنتش عارفة أيه السبب بس مكنتش مطمنة للموضوع.

كنت قاعدة على اللابتوب و بشرب نسكافيه بتاع الضهر. موبايلي رن و بصيت فيه و كانت نوال بتتصل. مكنتش لسه قلتلها على خبر القبول.

رديت: "أيوه يا نوال."

"أيه يا مريومي. مفيش جديد؟"

"فيه."

"أيه! قوليلي!"

"اتقبلت يا نوال، و إدوني أول شغل ليا."

"يا بنت الأيه يا مريم! ألف مبروك يا حبيبتي! مش تكلميني تقوليلي؟!"

"الله يبارك فيكي يا حبيبتي... أصل أنا قلقانة يا نوال."

"قلقانة من أيه؟"

"عليكي. إنتي ليه عايزة تروحي المظاهرات بعد بكرة؟ ده لو هتحصل يعني."

"يا بنتي كله عشانا والله و عشان بلدنا. الظلم بقى في كل حتة و لازم نسمع صوتنا كشعب عايز العدل و حرية."

"أيه يا نوال كل الكلام ده! من إمتى و إنتي بتهتمي بالسياسة؟"

"اتكلمت مع أحمد و هو أقنعني ننزل سوا. كمان مش هسيبه ينزل لوحده أكيد."

أحمد ده كان خطيبها. "و بعدين طب يا نوال؟ إفرض حصلكم حاجة بعد الشر؟"

"متقلقيش... دي هتكون مظاهرات مسالمة و إن شاء الله كله هيبقى تمام. هتشوفي عشان بعد كده إن شاء الله تنزلي معانا."

"يا رب عديها على خير."

التاريخ: ٢٥ يناير ٢٠١١

الوقت: ١٢:٠٠ ظهرا

اليوم: التلات

كنت قاعدة قدام التليفزيون و مكنتش مصدقة عيني. ميدان التحرير كان مليان على آخره من المتظاهرين. كان عدد كبير جدا من الناس، و اللي كان مخليني مش مصدقة أكتر إن ده كان جنبي بشارعين.

و نوال كانت هناك.

قلبي كان عمال يدق و كنت هموت من القلق. حتى صوت المتظاهرين كنت سامعاه من عندي و كان كل اللي بيقولوه: "الشعب يريد إسقاط النظام."

كنت سمعاهم من التلفزيون و من الشباك. و إحساسي كان بيقولي إن عددهم كان أكتر بكتير عن ما كان المنظر مبين.

كان لازم أروح لماما و بابا أتطمن عليهم في بيتهم. مكانوش بعاد أوي و يمكن يبقى في فرصة أشوف المظاهرات على الحقيقة.

و أنا بجهز عشان أنزل، اتصلت بنوال أتطمن عليها. "أيوه يا نوال!"

صوتها كان يادوبك واضح وسط الزحمة. "أيوه يا مريم!"

"طمنيني يا بنتي! إنتي تمام؟"

"مفيش حاجة يا مريم والله! و النبي بلاش قلق على الفاضي! الدنيا تمام و الجو حلو جدا! ما تيجي بقى!"

"لأ بلاش! يوم تاني إن شاء الله عشان عايزة أروح أتطمن على ماما و بابا!"

"سلميلي عليهم!"

"يوصل! خلي بالك على نفسك!"

"يعني أيه التظاهر يا بابا؟ إنت مش شايف الموضوع خطر؟"

"فين الخطر ده يا حبيبتي؟ ما الناس مالية الميدان أهو و الدنيا زي الفل! كنا بنفكر حتى أنا و ماما ننزل بس..."

"تنزلوا؟ لأ يا بابا و النبي لا! أنا قلقانة على نوال صاحبتي و مش ناقصة قلق زيادة و النبي!"

"مريم حبيبتي..."

دورت و بصيت لقيت أمي داخلة عليا. سلمت عليها و بستها. "إزيك يا ماما؟"

"إزيك يا نور عين أمك؟ مش تسألي علينا؟"

"و الله يا ماما كنت مسحولة في التدوير على شغل و الدنيا كانت صاعبة جدا. الواحد مكانش قادر يكلم حد ولا يشوف حد، سامحيني."

"ولا يهمك يا بنتي، المهم إنك لقيتي الشغلانة. أيه بقى حوار النقاش بينكو؟"

"مفيش يا ماما. بابا كان بيقترح إن هو و إنتي تنزلوا المظاهرات..."

"مش اتفقنا يا سعيد بلاش عشان متتعبش و إنت قلبك تعبان؟"

"يا ستي هو أنا نازل أحارب! كل اللي هعمله هقف مع الناس و أتظاهر معاهم. فين المعضلة يعني؟"

"عشان خاطري بلاش إنت! مريم ؟"

"أيوه يا ماما؟"

"ما تنزلي إنتي بدلنا؟ الدنيا مش خطر و إن شاء الله مش هيحصل حاجة. كمان متسيبيش نوال لوحدها هي و خطيبها. انزلي و اقفي مع صاحبتك. البلد دي فعلا محتاجة تتغير. إنتي نسيتي خالد سعيد؟"

"لأ فاكراه طبعا."

"الناس دي كلها نازلة عشان خاطره و عشان خاطر حقه اللي مخادوش. ليه متبقيش زيهم و أحسن منهم كمان؟ دي بلدك يا بنتي. يعني وطن. لازم يعم فيها العدل و مش الظلم. الحرية و مش القهر. و إنتي دورك كمواطنة فعلا بتحب بلدها إنك تطالبي بده و تستخدمي صوتك كمان."

كنت بدأت أحس بالذنب و بنوع من الحماس في نفس الوقت. موت خالد سعيد كانت حاجة أثرت فيا جامد و فتحت عينيا فعلا للتغيير اللي لازم يحصل في البلد دي. لما شفت صورته بعد و قبل ما مات قلبي كان اتقطع عليه.

بس للأسف اتشغلت بنفسي و حياتي و نسيت العزيمة اللي كانت جوايا نتيجة موت خالد سعيد... و الكلام بتاع ماما شعلل النار دي فيا تاني.

في اللحظة دي أخدت القرار إني لازم أشارك في المظاهرات كمواطنة مصرية و كصديقة لنوال و سند في ضهرها.

❖ ❖ ❖

نزلت من بيت أبويا و أمي و طلعت على الشارع. الناحية اللي جيت منها كانت معدومة و كان فيه عربيتين بس تقريبا.

الناحية التانية كنت شايفة جزء من ميدان التحرير و عدد مهول من البني آدمين. كان لون الأحمر و الإسود و الأبيض في كل حتة.

و أنا رايحة على رجلي حسيت إني كنت داخلة على جيش واقف في ساحة المعركة. جيش مصري عظيم كان بيدور على قائد جديد... قائد عادل... قائد يسمع صوت أتباعه.

"و إن شاء الله هنلاقيه." كنت بقول لنفسي كده دايما.

لما دخلت الميدان فوجئت بإن عدد الناس كان فعلا أكتر من ما كنت متخيلة. كانت المباني في الميدان متغطية بالأعلام و حتى المتحف المصري مكانش باين فيه تحت كمية الشعارات المغطياه. كل ما أبص ألاقي ناس في كل حتة. و كان الصوت عالي جدا لدرجة إن عشان أكلم حد لازم أزعق في ودنه.

طلعت موبايلي عشان أتصل بنوال و قلبي وقع لما لقيتها هي أصلا بتتصل. رديت بسرعة.

"إنتي فين؟!"

"أيه يا مريومتي! إنتي اللي فين؟ مش تيجي بقى!"

لما اتطمنت إنها تمام عرفت مكانها و رحتلها. كانت المسافة اللي بتتاخد في دقيقتين بتتاخد دلوقتي في نص ساعة من التكدس.

وصلتلها و سلمت عليها.

"حمد الله على السلامة يا أمي! كنت هموتك لو مكنتيش جيتي النهارده!"

"معلش بقى يا نوال. إنتي عارفة الموضوع بيكون عامل إزاي معانا. اتكلمت مع ماما و أقنعتني أنزل... عشان خاطرك و عشان خاطر بلدنا. و عشان خاطر الناس اللي زي خالد سعيد."

"أمك دي ست جامدة والله. كان نفسي تيجي معاكي."

"مرضتش عشان بابا بيتعب بسرعة. أنا عارفة لولا إن بابا كان تعبان كان زمانها واقفة دلوقتي قدامنا و بتهتف مع الناس. أكتر شخص وطني شفته في حياتي. أمال فين باباكي و مامتك؟"

"مرضيوش ينزلوا."

"ليه؟"

"نفس أسبابك بالضبط. و كإنهم خلفونا و بدلونا و إحنا صغيرين!"

"فعلا الموضوع مضحك لو فكرتي فيه. طب مش يتطمنوا عليكي؟"

وش نوال اتغير فجأة. "قالولي لو نزلتي المظاهرات مش هنكلمك تاني."

فضلت باصة لنوال و أنا مش مصدقة وداني. "و ده خوفا عليكي ولا أيه بالظبط؟"

"هو نص خوفا عليا و نص عشان هما ضد المظاهرات."

حسيت بنوع من الاشمئزاز. إزاي مكلمش بنتي عشان سياسة؟ إزاي فيه ناس بتفكر كده؟

"طب أنا شايفة امشي و روحي صالحيهم أحسن."

"Too late. قالولي لو نزلتي من باب البيت إحنا منعرفكيش."

"لا حول و لا قوة إلا بالله..."

"بيقولوا الجمعة الجاية هيكون فيه مظاهرات أكتر من كده. لازم ننزل."

"أظن هيكون عندي شغل ساعتها بس هحاول أخلص بدري. أوعدك هننزل سوا."

نوال ردت بابتسامة بسيطة بس، و للحظة الوقت بطئ و صوت المتظاهرين رجع في الخلفية. حسيت إني بقيت في صورة بطيئة اللي هي عبارة عن نوال بتبتسم و الناس حوالينا بتقول:

الشعب يريد إسقاط النظام!

الشعب يريد إسقاط النظام!

الشعب يريد إسقاط النظام!

❖ ❖ ❖

التاريخ: ؟؟؟

الوقت: ؟؟؟

اليوم: بعد حادثة جمعة الغضب

خبر وفاة نوال وصلي و أنا قاعدة قدام التلفيزيون و مكتوب في نشرة الأخبار إن فيه خمسين شخص ماتوا. من وسط حوالي اتنين مليون بني آدم، نوال و تسعة و أربعين واحد تانيين استشهدوا في ميدان التحرير. اتضربت بطلقة في عينها من الشرطة اللي كانت بتحاول تفضي المظاهرات.

الخبر وصلي من مامتها و هي بتصوت في التليفون. خسرت بنتها و هي مخصماها. و ده التمن اللي دفعته عشان تقدم السياسة على بنتها.

قعدت فترة مش مستوعبة، مع إني أكاد أجزم إني عرفت إن نوال كانت من ضمن الخمسين اللي ماتوا يوميها من قبل ما أمها تكلمني. معنديش أي فكرة ليه مكلمتهاش أتطمن عليها.

مسمحتش لنفسي بالعياط غير أما وصلت بعد أما عزلت لبيت أبويا و أمي. و انفجرت السيول و أنا في حضن أمي. لما شفتها استوعبت إني مش هشوف نوال تاني.

و ال٥٠ دول كان لسه بداية الدبح اللي شفناه في المظاهرات اللي بقى إسمها ثورة ٢٥ يناير. و بعدها بحوالي شهر استقال الرئيس بالحكومة و ده عرفني إن استشهاد نوال و كل الناس اللي ماتت في سبيل الوطن مكانش على ولا حاجة.

و إن وجود ظلام معناه إن فترة و هيكون فيه نور، و إن العسر بيتبعه يسر، و إن ربنا عادل و إن شاء الله هياخد حق الشهداء دول.

الله أكبر عليكي يا مصر يا أم الدنيا.

Egyptian Arabic Readers Series

www.lingualism.com/ear

Lingualism

Egyptian Arabic Readers

lingualism.com/ear

Egyptian Arabic Reader
كإنّي بِبُصّ في المِرايَة
Like Looking in a Mirror
by Nourhan Sabek

لعنةْ الأَسْكَنْدر
Alexander's Curse
by Mostafa Abdel Nasser
Egyptian Arabic Reader

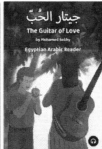

جيتار الحُبّ
The Guitar of Love
by Mohamed Sobhy
Egyptian Arabic Reader

Egyptian Arabic Reader
جَوازي صالوْنات
My Arranged Marriage
by Nourhan Sabek

Egyptian Arabic Reader
سِرّ النّجاح
The Secret of Success
by Mohamed Sobhy

Egyptian Arabic Reader
ميدان التّحْرير
Tahrir Square
by Mohamad Osman

أحْلام صامْتة
Silent Dreams
by Nourhan Sabek
Egyptian Arabic Reader

Egyptian Arabic Reader
الصَّيّاد و العُمْلة المعْدنية
The Fisherman and the Coin
by Mohamed Sobhy

ديْل الكَلْب مُمْكِن يِتْعِدِل
A Dog's Tale
by Mohamad Osman
Egyptian Arabic Reader

Egyptian Arabic Reader
الصّداقة وَلّا الحُبّ؟
Friendship or Love?
by Nourhan Sabek

Egyptian Arabic Reader
الدّجّال
The Charlatan
by Mohamed Sobhy

شيريهان
Sherihan
by Shaimaa Tarek
Egyptian Arabic Reader

Egyptian Arabic Reader
أمل
Hope
by Nourhan Sabek

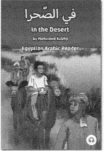

في الصّحرا
In the Desert
by Mohamed Sobhy
Egyptian Arabic Reader

المومْيا
The Mummy
by Mohamad Osman
Egyptian Arabic Reader

Made in the USA
Coppell, TX
10 January 2021

47945840R00026